AF267070

LE DERNIER MOT
DU SOCIALISME

EN VENTE A PARIS

Chez le Directeur des CAHIERS DU PROLÉTARIAT,
9-11, rue du Jour,
A la Librairie du PROGRÈS, 11, rue Bertin-Poirée,
A la Librairie des PUBLICATIONS POPULAIRES,
54, rue Amelot.

LE DERNIER MOT DU SOCIALISME

Par C.-F. CHEVÉ,

Rédacteur de la *Voix du Peuple*.

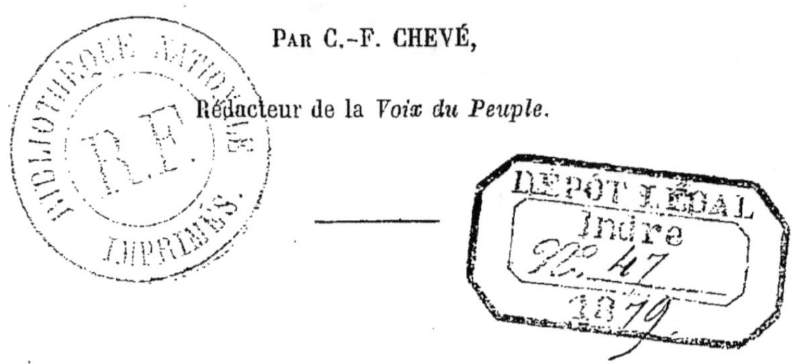

Je vais faire pour cet ouvrage ce que j'ai fait pour le petit livre intitulé : *Le Mal de Misère*, un résumé aussi fidèle qu'il me sera possible.

Et si je peux rendre convenablement l'impression que j'ai reçue, par la lecture de ce livre, je n'aurai pas perdu mon temps, car j'aurai fait revivre des idées d'une grande importance, qui méritent d'être examinées par les hommes sérieux.

M. Chevé, dans 200 pages de texte très-serré, a mis une foule de bonnes raisons, pour prouver que l'intérêt du capital est une monstruosité, et que sa suppression suffirait pour détruire la misère, et pour donner le bien-être aux travailleurs.

Nous allons le suivre pas à pas, comme nous avons fait pour le livre de M. Napias.

Il dit dans l'introduction :

« La misère effroyable des masses est venue dire à » notre siècle le dernier mot de l'individualisme ; nous

» dirons à notre tour, aux hommes d'avenir, le dernier
» mot du socialisme.

  » Août 1848. »

*
* *

OPPRESSION DU PAUVRE PAR LE RICHE

M. Chevé s'appuie autant sur les pères de l'Église et sur la Bible que sur les économistes pour faire ses démonstrations. — L'arithmétique et la raison nous suffisent ; c'est pourquoi nous avons mis de côté ces citations, qui n'ajoutent rien à la démonstration ; mais nous disons avec lui :

» D'un bout du monde à l'autre, les masses popu-
» laires ont soulevé de nos jours une formidable ques-
» tion, grosse de révolutions et de tempêtes si l'on ne
» se hâte de la résoudre ; cette question la voici : Pour-
» quoi un petit nombre de riches jouissent de toutes les
» délices du luxe et de l'opulence, tandis que l'immense
» majorité est condamnée à toutes les misères de l'indi-
» gence et de la faim ?

» C'est, dit-on, parce que la richesse est inégale-
» ment répartie, et l'on se hâte d'ajouter qu'il n'en peut
» être autrement. — Cette réponse n'en est pas une.

» Ce qui soulève l'irritation des masses, c'est que le
» pauvre en travaillant aboutit à l'indigence, tandis que
» le riche dépense beaucoup et augmente sa fortune
» sans le moindre travail.

» La richesse hors de mesure, à quelque titre et par
» quelque moyen qu'elle ait été accumulée, a toujours
» un principe d'injustice et d'inhumanité révoltantes. »

*
* *

Je ne dis pas comme M. Proudhon : la propriété est le vol, ou comme M. Chevé : l'intérêt du capital est le vol organisé. Le vol suppose, dans notre langage ordinaire, un acte de violence ou de surprise, et non l'accord tacite de celui qui est dépouillé. Je dis que ce sont des préjugés, des abus, des priviléges organisés, qu'il faut détruire.

Les fortunes colossales, comme celles des lords d'Angleterre, ou des grands exploiteurs français, sont certainement de monstrueuses injustices, qui s'opposent à toute émancipation morale et matérielle du peuple.

Avec l'intérêt du capital, la démocratie est un mensonge, car il y aura toujours ainsi des exploiteurs et des exploités.

Des exploiteurs en petit nombre (une aristocratie) et des exploités comprenant toute la masse des travailleurs.

» Il n'y a plus qu'une question sociale en France, et
» bientôt dans le monde entier, celle de l'émancipation
» des travailleurs.

» Pourquoi les travailleurs ne sont-ils rien ou peu
» de chose ? — Parce que le riche, à l'aide de l'intérêt
» du capital, dispose en maître absolu de leur travail et
» de leur vie.

» Comment les travailleurs deviendront-ils tout ? En
» supprimant l'intérêt du capital.

*
* *

A quoi ont servi, jusqu'à ce jour, les travaux des économistes? A faire la réputation de certains hommes et à les enrichir.

Ils paraissent vouloir combattre les abus, mais au fond ils aiment mieux en vivre. Combien de noms nous pourrions citer parmi les vivants, qui sont dans ce cas.

Ils aiment mieux équivoquer, pour embrouiller les questions, que de les résoudre logiquement par des solutions radicales ; c'est ce qu'il font en général pour légitimer l'intérêt du capital.

Ils disent que l'intérêt du capital est la légitime rémunération d'un service rendu. — Ce que les économistes oublient complètement ; c'est de bien définir la véritable nature du service rendu.

Que fait celui qui me loue une maison, une terre ou qui me prête un capital ? — Il me concède l'usage de cette maison, de cette terre, de ce capital ; en échange, je lui dois l'usage d'un capital équivalent.

Mais, par une distraction inexplicable, les économistes ont confondu deux choses distinctes : l'usage et la propriété.

Pour eux, la propriété, c'est la maison, la terre louée, le capital prêté ; l'intérêt du capital, c'est le prix du service rendu.

*
* *

Je vous loue une terre ou une maison qui vaut 20,000 francs, vous devez me payer 1,000 francs par an pour le service rendu. — Mais quel service ? — Si je n'étais pas obligé de travailler votre terre pour la faire produire, je comprendrais le service rendu ; autrement, il n'y a qu'échange de propriété.

Mon argent représente un travail accumulé, comme votre propriété, et même mieux.

Mon argent inactif représente zéro. — Votre terre inculte, également.

Lorsque je vous donne 1,000 francs par an pour

avoir droit de cultiver votre champ, nous nous prêtons mutuellement notre propriété ; mon argent pour que vous le fassiez valoir, votre terre pour que je la fasse produire.

Après vingt ans, je vous ai donné 20,000 francs, prix de la propriété. Cette propriété m'appartient à moins que vous me rendiez mes 20,000 francs, dont vous avez usé, comme j'ai usé de votre champ, ou de votre maison.

Autrement, les 20,000 francs en terre restent 20,000 francs éternellement, pour le propriétaire qui ne fait rien, et qui vit des 1,000 francs, fruit de mon travail, intérêts que je lui paie annuellement.

Non-seulement cela est injuste, mais c'est une monstrueuse immoralité...

« Le revenu du capital partage la société en deux
» classes :

» L'une est toujours obligée de céder la propriété
» des choses dont on lui paie la valeur. L'autre, au con-
» traire, a le privilége de se faire payer dix fois, cent
» fois, mille fois le prix d'une chose, sans jamais ne
» céder la propriété à celui qui l'a payée dix, cent,
» mille fois.

» La première de ces classes, est celle des travail-
» leurs ; la seconde est celle des parasites. »

*
* *

TROIS DILEMMES

« *Premier dilemme.* — De deux choses l'une : ou le revenu du capital est inhérent à la propriété, elle-même, ou il ne l'est pas.

» S'il est inhérent au droit de propriété, toute propriété a ce droit ; les biens meublés, comme les immeubles.

» Or, les travailleurs de France créent chaque année, en culture, élève de bétail, industrie et fabrication, pour plus de dix milliards de francs.

» Ces dix milliards, à cinq pour cent, doivent rapporter 500 millions par année. C'est donc 500 millions par an qu'on extorque aux travailleurs, en n'accordant pas à leurs propriétés le même droit qu'à celles des riches.

» Si, au contraire, le revenu, l'intérêt du capital, n'est pas inhérent au droit de propriété, pourquoi le maintenez-vous ? Pourquoi les immeubles, l'argent, les actions industrielles ou financières elles-mêmes en jouissent-ils ?

» Ce dilemme reste inexorable et ne souffre pas de réplique. »

*
* *

« *Second dilemme.* — Ou le droit du revenu, l'intérêt résulte du capital, ou il n'en résulte pas.

» S'il en résulte, de quel droit une banque, qui n'a que 3 millions de capital seulement, émet-elle 20 millions de billets ; et tire-t-elle ainsi l'intérêt d'un capital de 17 millions, qu'elle ne possède réellement pas et qu'elle n'a jamais possédé ?

» Si le revenu ou l'intérêt du capital n'est pas un droit qui résulte de ce capital, le propriétaire, le capitaliste, le rentier ne doivent donc retirer aucun intérêt de leurs propriétés, de leurs capitaux ; tout revenu, tout intérêt doit être aboli. »

*
* *

« *Troisième dilemme.*— De deux choses l'une : ou le capital a la faculté de se reproduire par lui-même, ou il ne l'a pas.

» S'il ne l'a pas, le propriétaire, le capitaliste, le rentier qui exige, outre son capital, un revenu ou intérêt quelconque, s'empare du bien d'autrui.

» Si le capital a cette faculté, la propriété devient impossible, impraticable, et l'intérêt du capital est mathématiquement absurde.

» Voyez en effet : si le capital a la faculté de se reproduire par lui-même, toute terre, toute maison louée, tout argent prêté ou non prêté, tout capital, en un mot, même celui, qu'on ne fait pas valoir, doit rapporter intérêt, ce qui est absurde en principe et impossible dans l'application.

» Si le capital a la faculté de se reproduire par lui-même, il faut, outre son prix intrinsèque, y ajouter, pour avoir sa valeur réelle ; la somme totale d'intérêt qu'il doit produire.

» Or, cet intérêt devant se continuer, non pas seulement, vingt, cent, mille ans ; mais éternellement et jusqu'à la consommation des siècles, la moindre parcelle de terre, de maison, d'argent, de capital en un mot, vaudra en réalité une somme incalculable, de sorte que la propriété devient impossible.

» Quelle logique, que ce système où il ne faut qu'un centime de capital pour produire, par son revenu indéfini, une valeur égale à toutes les richesses du globe.

» Le docteur Price a prouvé, qu'au bout d'un certain temps, un capital, relativement faible, devait, par l'accumulation des rentes, produire une valeur égale à celle qu'aurait une boule grosse comme la terre en or pur.

» Ainsi, en pratique comme en théorie, le système du

revenu, ou intérêt du capital, est l'hyperbole de l'absurde.

*
* *

LE REVENU OU L'INTÉRÊT DU CAPITAL

Ou l'arithmétique est une science radicalement fausse, ou le simple exposé des faits suivants prouve que le revenu du capital est le vol organisé du bien d'autrui, dit M. Chevé.

Un homme possède deux cent mille francs de fortune, c'est sa propriété, son bien.

Cet homme ne se livre à aucun travail productif, il ne crée par lui-même aucune valeur qui puisse ajouter un centime à ses deux cent mille francs ; s'il dispose de cinquante centimes en plus de ses deux cent mille francs, ces cinquante centimes, ne provenant pas de son propre travail, seront évidemment pris sur le produit du travail d'autrui.

Rien de plus clair et de plus précis que son bilan :

Son avoir est de. 200,000ᶠ
Son travail personnel de. 000,000
Total. 200,000

Cet homme dépense 10,000 francs pas an, ce qui fait juste au bout de vingt ans : 200,000 francs ; il doit donc être entièrement ruiné au commencement de la vingt-et-unième année.

Cet arithmétique est bien simple :

Il avait. . . . . 200,000ᶠ »
Il a dépensé. . . . . 200,000 »
Reste. 0

Mais non, avec l'intérêt du capital, au bout de vingt ans, notre homme aura toujours ses 200,000 francs ; il pourra toujours dépenser 10,000 francs par an, et, si nous le faisons mourir à la soixantième année de sa jouissance, il aura déboursé la somme de. . . . . 600,000^f »

Ses héritiers, sans apporter un rouge-liard de travail personnel, pourront aussi eux dépenser annuellement 10,000 francs pendant mille et mille générations; mais en nous arrêtant à sa vingt-quatrième, ils auront dépensé... 6,000,000 »

Total.......... 6,600,000 »

Or, ces gens-là n'avaient de leur propre bien que................ 200,000 » auxquels ils n'ont jamais ajouté un centime par leur travail personnel; ils

ont donc dépensé de plus qu'ils avaient. 6,400,000 »

Est-ce clair? est-ce précis? Appelez cela revenu, intérêt du capital, tout ce qu'il vous plaira ; un fait reste incontestable, il est parfaitement établi que :

La fortune totale de notre privilégié était de.......................... 200,000^f » Son travail personnel............ 000,000 » Le travail de ses héritiers........ 000,000 »

Deux cent mille francs, vous l'entendez bien, pas une obole de plus !

Or, ceux qui, ne possédant que 200,000 francs et qui n'ayant pas gagné un centime par leur travail, ont cependant dépensé 6,600,000 francs, doivent nécessairement avoir pris à d'autres les 6,400,000 francs qu'ils ont dépensé de plus que leur fortune.

Que dis-je? Si les 200,000 francs primitifs sont toujours restés en terre, par exemple, nos bienheureux élus peuvent les posséder encore, tout en étant restés sans rien faire, et ayant dépensé 6,600,000 francs.

Ainsi, de deux choses l'une ou la soustraction suivante est conforme aux règles de l'arithmétique,

de. . . . . 200,000ᶠ »
retranchez. . . . . 6,600,000 »

Reste. 200,000 »

Ou bien il est mathématiquement prouvé que le revenu de l'intérêt du capital est le vol organisé, dit M. Chevé.

*
* *

L'ESCLAVAGE MODERNE

« Quel est le résultat du revenu ou de l'intérêt du capital ?

» C'est de permettre à la classe des riches de vivre
» dans l'opulence, en faisant travailler à leur place les
» pauvres, ces esclaves modernes.

» La seule différence qui existe, entre l'esclavage
» antique et l'esclavage moderne, est purement fictive et
» nominale.

» La voici : ce n'est plus l'homme nominativement
» qui doit travailler pour son maître, c'est le capital, la
» terre, les immeubles, en un mot tous les objets loués,
» affermés ou prêtés à intérêt.

» Mais, comme ces choses, inertes d'elles-mêmes,
» ne peuvent produire que par le travail du prolétaire,
» c'est toujours en réalité le pauvre, le travailleur qui
» est obligé de remplir, à l'égard du riche, l'office de
» l'esclave antique.

» La loi ne dis plus au pauvre : tu travailleras pour
» le riche, mais elle dit : tout capital, toute propriété

» portera intérêt, ce qui est absolument la même chose,
» puisqu'en définitive, cette propriété, ce capital, ne
» travaillant pas lui-même, c'est véritablement le pauvre
» qui travaille à sa place et pour le riche. »

Le salaire n'est que l'esclavage prolongé, écrivait
Chateaubriand. — S'emparer des hommes pour les faire
travailler à son profit, ou s'emparer du fruit du leur travail, c'est toujours l'esclavage, disait un orateur anglais
en plein Parlement.

De là deux classes d'hommes radicalement distinctes :

Les uns ne sont pas astreints au travail, parce que
leurs propriétés, leurs capitaux, sont censés travailler
pour eux.

Les autres sont toujours directement et personnelle-
ment condamnés au labeur de chaque jour, et comme
en réalité, c'est leur propre travail qui paie le revenu ou
l'intérêt du capital des riches, ils sont les véritables esclaves de ces derniers et travaillent au profit de leurs
maîtres.

« L'esclavage antique avait pour moyen de contrainte,
» la force physique; l'esclavage moderne a pour mode
» de contrainte, la misère et la faim ; c'est-à-dire une
» coercition bien plus impitoyable et contre laquelle il
» n'est pas de révolte possible.

» L'esclavage païen donnait au maître le droit de vie
» et de mort sur l'esclave. L'esclavage actuel, en faisant
» le riche seul maître absolu du travail, sans lequel le
» pauvre meurt de faim, exerce également sur l'esclave
» moderne le droit de vie et de mort. »

Il y a un siècle un savant publiciste écrivait ces pa-
roles, d'une vérité bien plus frappante encore aujour-
d'hui :

« La plus grande partie des hommes continue de vivre

à la solde et dans la dépendance de la plus petite, qui s'est appropriée tous les biens. La servitude s'est donc perpétuée sur la terre. »

* *
*

LE RICHE MANGE LE PAUVRE

La rente, disait le *Journal l'Atelier*, en 1842, en désignant nommément celle que l'on tire de l'argent, la rente est réellement le fléau de la plèbe moderne, comme elle fut le fléau de la plèbe romaine.

Les patriciens romains étaient tous usuriers ; ils prêtaient au peuple, et le maintenaient par ce moyen dans la dépendance et même le soumettaient à l'esclavage.

Aujourd'hui, la rente est encore le plus grand moyen d'oppression et la source des misères du peuple. Car, qu'est-ce en effet qu'un rentier? C'est un parasite ayant un certain capital qui le fait vivre aux dépens des travailleurs.

Le capitaliste prête au banquier ; le banquier prête à l'État ou aux commerçants ; puis l'État prélève un impôt sur la Nation pour payer l'intérêt de l'argent qu'on lui prête, ou bien, c'est le commerçant qui prélève sur le travailleur l'intérêt dû au banquier.

Le rentier peut recevoir trois, quatre ou cinq fois, en sa vie, la valeur du capital et le léguer intact à ses enfants.

C'est effrayant de penser au nombre de ses sangsues ; on peut dire, sans exagérer, qu'un ouvrier emploie en moyenne trois heures par jour à travailler au bénéfice des parasites ; car, ce n'est pas trop dire, plus d'un quart de la production passe aux capitalistes. (1)

---

(1) On pourrait dire la moitié sans craindre de se tromper.

« Tout homme qui possède une propriété ou capital,
» dit M. Chevé, a le droit de prélever sur le pauvre,
» sur celui qui ne possède que ses bras et son travail,
» une dîme d'autant plus forte que le travailleur est
» plus pauvre, afin que la pauvreté de celui qui tra-
» vaille augmente de plus en plus et sans limites.

» Cet impôt, cette dîme est aussi d'autant plus forte
» que celui qui la prélève est plus riche, afin que sa
» fortune puisse s'accroître dans une proportion sans
» bornes.

» Quant au pauvre, il est libre de rester éternelle-
» ment dans la misère, en subissant ces conditions
» d'existence ou de mourir de faim en les refusant.

» Voilà ce qu'on appelle l'ordre social, l'égalité, la
» justice et la liberté.

» Voilà ce qu'on nomme la souveraineté du peuple !
» amère et sanglante ironie qui déborde d'outrages et
» d'imposture... »

*
* *

RÉPARTITION DU TRAVAIL ET DES RICHESSES

Quelle est donc la véritable signification de ces mots :
civilisation, progrès ? Il me semble que cela veut dire
perfectionnement moral et physique de l'être humain.

Et le perfectionnement de l'homme doit le rendre
plus intelligent, meilleur et plus heureux. — En est-il
ainsi ? Sommes-nous en route vers la perfection ?

Nos tuteurs, ceux que nous avons choisis pour diriger
le progrès, ceux que nous payons assez grassement pour
améliorer la situation de tous et de chacun, ces hommes
de choix ne doivent pas dormir : il y a tant à faire.

Lorsque nous étions en Monarchie, le peuple ne

comptait pas, on devait l'opprimer, le démoraliser et l'abêtir pour le dominer et le rendre docile.

Mais, puisque nous sommes en République, puisque nous avons, c'est-à-dire nous devons avoir, l'égalité démocratique ; nos représentants travaillent jours et nuits, sans doute pour nous donner les réformes nécessaires, indispensables à nos besoins.

Non, ces Messieurs, ne sont pas pressés ; ils peuvent attendre, leur situation n'est pas trop mauvaise. — Le peuple a faim, qu'il dorme encore un peu : qui dort dîne.

Eh bien ! non, citoyens députés, ce n'est pas ainsi que vous devriez agir ; vous n'avez ni équité ni intelligence.

Vous pensez beaucoup trop aux intérêts des capitalistes et aux vôtres, pas assez aux intérêts des travailleurs.

Au lieu de faire comme M. Chevé, au lieu de chercher à changer les pièces de 5 francs en pièce de 10 francs dans la bourse du pauvre, vous travaillez peu, vous vivez bien et vous laissez le peuple se morfondre dans sa misère.

Vous ne voyez pas le gouffre qui vous engloutira ; cependant il est là sous vos yeux.

Ce gouffre, c'est l'exploitation par les capitaux des riches, par les vôtres souvent, c'est l'exploitation par les machines aux mains des exploiteurs, c'est le chômage qui en résulte, c'est la misère et le vice qui en sont les conséquences.

Entêtés dans votre sotte vanité de parvenus, vous croyez être habiles et forts, lorsque vous êtes faibles, maladroits et malhonnêtes.

Gare à vous ! ce n'est pas un ennemi qui vous avertit, c'est au nom de la paix sociale, de la justice et de la solidarité humaine qu'un homme, d'opinion modérée, vient vous dire : votre égoïsme nous conduit à de nouveaux déchirements, à une nouvelle guerre civile.

Et pourtant, vous pouviez faire de grandes choses par l'union dans la justice, par le développement des intelligences, par l'organisation équitable du travail et du bien-être général.

Vous pouviez être de grands citoyens, vous n'êtes que des plagiats de l'Empire déguisés en républicains.

*
* *

« Quelle indignation générale n'exciterait pas le
» pauvre, qui voudrait imposer au riche l'obligation de
» le nourrir sans rien faire ?

» Si la pauvreté n'est pas un titre suffisant pour se
» faire nourrir aux dépens d'autrui, comment la richesse
» pourrait-elle donner lieu à un semblable droit. Et
» pourtant, les riches se l'arrogent en vertu même
» de leur fortune.

» Ce n'est pas une part semblable à celle du pauvre
» que réclame le riche ; elle est cent, mille, cent mille
» fois plus forte. Un seul parasite peut dévorer la subs-
» tance de tout un peuple de travailleurs. »

Combien est plus équitable la proposition écrite dans les *Cahiers du Prolétariat* par M. Daynaud : « Tout homme à droit à l'existence par le seul fait qu'il existe. » Cette proposition est très-juste : les valides doivent nourrir les invalides, et tous les citoyens doivent être solidaires, pour assurer à chacun un minimun de ressources, comme droit à l'existence.

L'application de cette loi de solidarité guérirait ces plaies sociales, que l'on appelle mendicité, prostitution, etc., et la dignité humaine recevrait une satisfaction très avantageuse à la société.

L'Assemblée nationale adoptait en 1790, dans la constitution, ce principe que nous devons mettre en pratique pour être heureux. Elle s'exprimait ainsi :

« Tout homme inutile à la société lui est nuisible ;
» tout individu doit concourir à la prospérité publique
» par les moyens que la nature lui a départis. Le travail
» est un devoir envers la société ; la société doit donc
» exiger que ce devoir soit rempli. »

Harmonisons donc nos rapports sociaux par la justice ; détruisons la guerre entre les hommes, et nous aurons le véritable progrès, la véritable civilisation.

*
* *

Voulez-vous vous représenter d'une manière exacte le mode actuel de répartition du travail et des richesses ? Le voici dans toute sa hideuse iniquité :

« Un atelier se compose de trente-cinq ouvriers,
» dont cinq possèdent déjà de la fortune. Les trente
» autres manquent de tout, n'ayant pour vivre que le
» produit de leur travail.

» Le maître dit au cinq ouvriers riches : en considé-
» ration de la fortune que vous avez déjà, je ne vous
» donne d'autre tâche que de ne rien faire ; promenez-
» vous, allez à vos plaisirs et au besoin insultez vos
» camarades.

» Puis se tournant vers les trente autres il ajoute :
» Pour vous, puisque vous êtes pauvres, que vous ne
» possédez rien, je vous condamne à travailler une
» heure de plus que vos forces ne vous le permettent,
» afin de nourrir vos cinq compagnons qui ne font rien
» et qui se divertissent ; ainsi au lieu de douze heures
» vous travaillerez quatorze heures par jour.

» Les trente ouvriers malheureux ne peuvent sans

» mourir de faim refuser le travail, même à ces condi-
» tions.

» Le soir venu, le maître rassemble tous ces ou-
» vriers, et leur dit : Il faut que ceux qui n'ont rien fait
» soient payés dix fois plus cher que ceux qui ont tra-
» vaillé ; je donnerai trois francs aux uns et trente francs
» aux autres.

» C'est là dira-t-on le comble de l'absurdité et de
» l'iniquité.

» Eh bien ! cet atelier, c'est la France ; ce maître
» dont la justice touche à la démence, c'est la loi du re-
» venu du capital ; les ouvriers oisifs, se sont les riches ;
» ceux qui reçoivent une parcelle du fruit de leur labeurs
» c'est le peuple des travailleurs.

» Il y a six personnes sur sept qui n'ont pas le né-
» cessaire afin que le fruit de leur peine alimente le luxe
» des parasites.

» Et pour que rien ne manque à cette monstrueuse
» folie, à cette absurde iniquité, on établit la concur-
» rence des salaires entre les travailleurs eux-mêmes,
» de manière que la part de chacun diminue en pro-
» portion de sa pauvreté. »

Au lieu de cette organisation de l'injustice, ne se-
rions-nous pas tous plus heureux, si chacun recevait
selon ses œuvres.

Il y a place pour tous dans la famille humaine ; ceux
qui en bas ou en haut veulent la lutte ou l'injustice sont
de mauvais citoyens.

La guerre sociale peut devenir inévitable, l'égoïsme
nous y pousse, la misère peut nous l'amener fatalement.

Quant à nous, qui voulons la justice et toutes ses conséquences, nous devons tout faire pour empêcher que la
colère ne déborde : La vengeance ne nous fera jamais
avancer dans la voie du perfectionnement social.

Nous ne progressons pas en apparence, mais effectivement l'autorité de nos adversaires les privilégiés diminuent de jour en jour.

Instruisons-nous, unissons nos efforts, combattons par la raison les préjugés et les abus, nous arriverons sûrement et bien plus vite au but que nous voulons atteindre.

Un des meilleurs moyens à employer pour instruire la masse du peuple et pour l'amener à s'occuper de ses vrais intérêts serait de changer, par des élections annuelles, tous nos représentants élus de toutes nos administrations.

Ainsi, nous formerions très-promptement l'éducation civique du peuple, et nous aurions sur nos mandataires une autorité que nous sommes loin d'avoir actuellement ; cette puissance, nous l'emploierions pour obtenir la satisfaction de nos justes revendications.

Luttons avec foi et persévérance contre le mal ; portons la lumière dans les esprits, l'amour du bien dans les cœurs, et nous vaincrons.

*
* *

ÉTUDE STATISTIQUE SUR LA FORTUNE PUBLIQUE EN FRANCE.

Je vais reproduire, d'après le livre de M. Chevé des chiffres d'une grande éloquence pour démontrer les imperfections de notre état social. Ces nombres, qui ont plus de trente ans de date, auraient besoin d'être changés, pour faire connaître exactement la statistique actuelle de la fortune publique en France.

Nous reviendrons plus tard sur ce sujet, en attendant

nous donnons les renseignements du livre, en faisant remarquer que le mal s'est aggravé au lieu de diminuer depuis 1848.

La production industrielle et agricole a augmenté ; l'exploitation des chemins de fer et l'emploi des machines, en se généralisant, ont apporté de grands changements dans les résultats généraux que nous constatons.

Mais, les travailleurs n'ont rien gagné à ces changements ; au contraire, chacune des nouvelles inventions, faites pour améliorer la position de l'ouvrier, se tourne contre lui.

Les conséquences mathématiques, qui résultent des états suivants, sont donc au-dessous du mal qu'elles constatent au lieu d'être exagérées.

*
* *

BILAN DE LA FORTUNE PUBLIQUE EN FRANCE

PRODUCTION AGRICOLE.

Revenu brut des cultures........		6,090,116,220ᶠ
— Pâturages...............		646,794,905
— Forêts, pépinières et vergers		283,258,325
— Animaux domestiques....		767,251,000
— Animaux abattus........		698,484,000
— Abeilles, cire et miel...		14,095,550
Total..............		8,500,000,000

Il revient aux fermiers sur cette somme......... 1,100,000,000ᶠ
Le salaire des ou-

A reporter...	1,100,000,000ᶠ	8,500,000,000ᶠ

Reports...	1,100,000,000ᶠ	8,500,000,000ᶠ
vriers agricoles environ...........	700,000,000	
Les frais de semences, consommation et pertes.....	1,400,000,000	
Produits spontanés du sol, bois, pâturages, etc......	200,000,000	
Travail personnel des propriétaires (ceux qui travaillent)	200,000,000	
Total à déduire.	3,600,000,000	ci 3,600,000,000

Revenu annuel prélevé par les propriétaires comme intérêt du capital.   4,900,000,000

PRODUCTION INDUSTRIELLE.

D'après un travail du ministère de l'agriculture et du commerce (1843).		3,525,000,000ᶠ
Sur cette somme il faut prélever pour salaires des ouvriers............	1,000,000,000ᶠ	
Pour matières premières et autres frais............	600,000,000	
Pour travail personnel des chefs d'industrie........	25,000,000	
Total à déduire.	1,625,000,000	ci 1,625,000,000

Revenu annuel prélevé par les chefs d'industries comme intérêt du capital..............................   1,900,000,000

LOCATIONS, CONSTRUCTIONS ET TRAVAUX PUBLICS, PRÊTS
ET IMPÔTS.

Sur les loyers en déduisant les maisons habitées par
leurs propriétaires.

La somme prélevée pour intérêt du capital pour cet
objet..   700,000,000ᶠ
— Intérêts du capital sur les
constructions et travaux publics....   300,000,000
Usure qui ronge les pauvres.....   100,000,000
Contributions indirectes (1)......   100,000,000

Total.............   1,200,000,000

RÉCAPITULATION DE CE QUE PRÉLÈVE LE CAPITAL
SUR LE TRAVAIL.

Production agricole..............   4,900,000,000
Production industrielle.........   1,900,000,000
Locations, constructions, prêts et
impôts............................   1,200,000,000

Total.................   8,000,000,000

Huit milliards par an que l'intérêt du capital prélève
sur les classes pauvres et laborieuses. Comprenez-vous,
enfin !

Voilà la somme que la suppression du revenu procu-
rerait en France au peuple des travailleurs. — Huit
milliards de plus par année à mettre dans la bourse du
pauvre, 80 milliards en dix ans restitués au travail
auquel ils sont légitimement dus !.... Conçoit-on
quelle gigantesque révolution sociale peut produire la
suppression de l'intérêt du capital.

(1) Ce dernier nombre est beaucoup trop faible.

CE QUE COUTE A TOUS LES CITOYENS L'INTÉRÊT DU CAPITAL

Le revenu du capital ne profite qu'à quelques Rothschilds ; en effet, la dette hypothécaire est de 15 milliards, qui à 5 pour 100 donne un intérêt annuel de....................................... 750,000,000ᶠ

La dette publique pèse sur l'impôt annuellement d'un milliard au moins 1,000,000,000

L'intérêt des dettes chirographaires, tant civiles que commerciales peut être évalué par an à........ 75,000,000

Total............... 1,825,000,000⸱

La *petite* et la *moyenne propriétés* sont surtout atteintes par ces charges.

Quant aux commerçants, leur position est à peu près également atteinte.

Le commerce tant intérieur qu'extérieur est de huit milliards, ce qui à 5 pour 100 donnerait aux commerçants un produit net annuel de..... 400,000,000ᶠ

Mais, d'un autre côté les commerçants supportent des charges énormes :

Le numéraire circulant en franc est de 4,000,000,000 environ, en comptant 1,200,000,000 placés à intérêts de 5 pour 100 ferait par an................ 60,000,000ᶠ

La Banque de France, et les autres

A *reporter*.... 60,000,000ᶠ 400,000,000ᶠ

Report.....	60,000,000ᶠ	400,000,000ᶠ

banques font des af-
faires pour 2 milliards
500 millions, à 5 pour
100 en moyenne don-
nant d'intérêts par
an 125,000,000

Pour l'intérêt, que
prélèvent sur le com-
merce toutes les ac-
tions industrielles et
financières, agios, etc.
au moins.......... 25,000,000

Total à déduire... 210,000,000 ci 210,000,000

Reste net au commerce........ 190,000,000

Ce qui réduit les bénéfices du commerce de moitié et plus.

Des évaluations indiquées dans les tableaux qui précèdent, il résulte :

PRIX ACTUEL DES PRODUITS

(Avec l'intérêt du capital.)

Production agricole............. 8,500,000,000ᶠ
Production industrielle......... 3,525,000,000
Loyers de maisons............. 700,000,000
Intérêts des dettes publiques hypo-
thécaires, etc.................... 1,825,000,000
Bénéfice des capitaux.......... 400,000,000
Bénéfice sur les produits agricoles
et industriels.................... 700,000,000

15,650,000,000

PRIX RÉEL DES PRODUITS

(L'intérêt du capital supprimé.)

Production agricole....	3,600,000,000ᶠ
Production industrielle...	1,625,000,000
Les loyers, simple service d'échange	»
L'intérêt des dettes, un amortissement du capital par l'intérêt.......	»
Le bénéfice des capitaux.........	»
Les bénéfices sur les produits agricsles et industriels ne devraient pas atteindre plus de...............	200,000,000
	5,425,000,000

Ce qui coûte quinze milliards de francs ne coûterait que cinq milliards.

La pièce de 5 francs vaudrait 15 francs pour le travailleur !

*

* *

La suppression de l'intérêt du capital donnerait dans vingt ans les résultats suivants ;

1° Les citoyens français gagneraient comme contribuables, par l'extinction des dettes publiques et communales.... .... 20,000,000,000ᶠ

2° Comme propriétaires par l'abolition de l'intérêt des dettes hypothéquaires..................... 15,000,000,000

3° Comme fermiers ou locataires, par le remboursement du louage, fermages, loyers comme emprun-

A reporter.......	35,000,000,000

$$\textit{Report}\dots\dots\ 35{,}000{,}000{,}000^{\text{r}}$$

teurs, par la suppression de l'intérêt du prêt et l'organisation d'un crédit sans intérêt..... 54,000,000,000

4° Comme emprunteurs, par la suppression de l'intérêt du prêt et de l'organisation d'un crédit sans intérêt   4,000,000,000

5° Comme travailleurs, par la répartition de la production au prorata du travail. 100,000,000,000

6° Comme producteurs par le surcroît de production, immeubles remis en circulation, défrichements, etc.   45,000,000,000

7° Comme consommateurs par la diminution de près des 2/3 du prix de tous les produits, environ 125 milliards dont une partie pourrait faire double emploi avec les 100 milliards gagnés comme travailleurs nous ne portons que la différence..   25,000,000,000

Total......... .. 263,000,000.000

263 000,000,000 de francs en vingt ans, plus de 13,000,000,000 par année, 36,000,000 par jour.

C'est un franc par jour que chaque français peut acquérir dès demain par l'abolition de l'intérêt du capital.

Une famille de cinq personnes profiterait de 5 francs par jour. C'est-à-dire que la misère serait impossible puisque toutes les conditions de l'existence seraient mieux réparties.

*
* *

» Travailleurs, toutes les terres, toutes les maisons,

» tous les instruments de travail, toutes les richesses en
» un mot peuvent devenir votre propriété.

» Et cela dans un temps très-court, sans révolution
» sanglante, sans contrainte morale ou physique d'au-
» cun genre, sans détruire la propriété, mais au con-
» traire, en la respectant pour tous, et sans rien pren-
» dre à qui que ce soit de ce qui lui appartient.

» Il suffit d'une loi qui contienne ces simples mots :
» *Abolition du revenu ou de l'intérêt du capital.*

» Travailleurs, vous voulez, nous voulons tous l'or-
» ganisation du travail par l'association libre et volon-
» taire.

» Mais pour réaliser cette organisation sociale, il
» faut que vous possédiez les instruments de production
» sans lesquels vous ne pouvez travailler. — Qui vous
» les donnera ? l'État ? — Où trouvera-ils cent milliards
» nécessaires pour cette œuvre, lui qui est obéré par
» une dette de vingt milliards et qui manque d'argent
» pour ses propres services ?

» Eh bien ! sans que l'État, ni vous, déboursiez un
» centime de plus qu'aujourd'hui, vous avez un moyen
» de devenir à l'instant maître de tous les instruments
» de travail, et ce moyen, c'est *l'abolition du revenu et*
» *de l'intérêt du capital.*

» Travailleurs, il y a deux classes dans la société :
» ceux qui vivent de leur travail et ceux qui vivent
» du revenu de leur capital, c'est-à-dire du travail
» d'autrui.

» Le règne de la justice ne datera que du jour, où
» la seconde de ces classes rentrera dans la première,
» où tous seront travailleurs au même titre et dans les
» mêmes conditions, où « celui qui ne voudra plus tra-
» vailler ne pourra plus manger. »

» Voulez-vous qu'il n'y ait plus qu'une classe d'hom-

» mes dans le monde, les travailleurs de l'ordre moral,
» intellectuel et physique ?

» Voulez-vous que personne ne puisse plus vivre du
» travail d'autrui ? que l'exploitation de l'homme par
» l'homme soit radicalement anéantie, pour faire place
» à l'avènement du règne de la solidarité, demandez
» avec nous : *l'abolition du revenu et de l'intérêt du*
» *capital.* »

LES MOYENS D'APPLICATION.

DIALOGUE.

« — Mais le moyen pratique de supprimer l'intérêt
» du capital, c'est là qu'est l'impossible ?

» — Vraiment ! dites-moi, croyez-vous qu'il soit
» absolument impossible de changer la forme d'une quit-
» tance ou d'un reçu ?

» — Non, sans doute.

» — Croyez-vous qu'il soit absolument impossible
» de mettre dans une quittance : qui de 20 paie 5 reste
» 15, au lieu d'y mettre qui de 20 paie 5 reste 20.

» — Non, certes, rien n'est plus facile.

» — Eh bien ! je ne vous en demande pas davan-
» tage, changez la forme d'un reçu et vous aurez sup-
» primé, sous toutes ses formes, l'intérêt du capital.

» — Comment donc ?

» — Vous êtes commerçant ?

» — Oui, je le suis.

» — Dites-moi, lorsqu'un de vos clients, auquel
» vous avez vendu pour 20,000 francs de marchandises,
» vous donne sur ce prix un à-compte de 5,000 francs

» vous lui faites un reçu de cette somme et ce reçu lui
» sert à constater qu'il ne vous doit plus que 15,000 fr.

» — Assurément, et rien n'est plus juste.

» — Eh bien ! que l'État en fasse autant vis-à-vis le
» rentier, le propriétaire vis-à-vis son locataire ou
» fermier, le capitaliste, le créancier, vis-à-vis son
» débiteur, et l'intérêt du capital sera radicalement aboli.

» — Je comprends, l'intérêt donné rembourse le
» capital. Lorsque mon voisin le rentier, reçoit 5,000
» francs de l'État sur ses 100,000 francs qu'il a prêté,
» la dette est diminuée d'autant et au bout de vingt ans
» l'État lui ayant payé 100,000 francs ne lui doit plus rien.

» — Précisément, et ainsi pour tous les capitaux
» quels qu'ils soient. »

*
* *

EXTINCTION DE LA DETTE PUBLIQUE.

Comme tout débiteur privé, lorsque l'État aura payé
100 francs sur une dette de 1,000 francs, il n'en devra
plus que 900, et la quittance qu'il reçoit de ces 100 francs
constate l'acquit du dixième de sa dette.

Quoi de plus simple et de plus facile ? où trouver là
l'ombre d'une difficulté ?

Les rentiers rentrent dans la somme qui leur appartient véritablement, dans celle qu'ils ont prêtée à l'État.
Rien ne leur est enlevé de ce qui est véritablement leur
bien. Ils ont prêté vingt milliards à l'État ; ils recevront
en vingt ans vingt milliards.

Le premier résultat de la suppression de l'intérêt du
capital est donc l'extinction complète et sans retour,
dans vingt ans environ, de la rente publique, sans qu'il
en coûte au peuple une obole de sacrifice.

Le budget de l'État se trouvera par ce fait diminué d'un milliard et plus, chaque année.

*
* *

EXTINCTION DES DETTES DE LA PROPRIÉTÉ FONCIÈRE.

De la même manière seront remboursées les dettes hypothécaires, chirographaires, etc.; environ vingt milliards.

Vingt milliards, en vingt années, voilà la somme qui est restituée aux propriétaires, que l'on nous accuse de dépouiller.

Et, hâtons-nous de le dire, c'est à la petite et à la moyenne propriété, que reviendra cette somme colossale ; car c'est elle qui supporte la presque totalité de ces charges écrasantes.

*
* *

REMBOURSEMENT DE TOUTES LES VALEURS DONNÉES A LOYER OU FERMAGE.

Je paie un fermage annuel de 1,000 francs pour une terre qui en vaut 20,000 ; ma quittance de chaque année est un titre hypothécaire, qui me donne droit à la vingtième partie de cette propriété. Quand j'aurai payé vingt annuités la terre m'appartiendra.

Je paie annuellement 300 francs de mon loyer d'une maison, qui vaut 6,000 francs, si je paie vingt ans ce loyer, la maison sera la mienne.

Il en sera de même pour toute chose louée.

Lorsque plusieurs auront ensemble des droits sur une

propriété indivisible, on remboursera, ou l'on vendra la propriété, et chacun recevra sa part proportionnelle dans le prix de la vente.

M. Chevé donne beaucoup d'autres explications, pour répondre aux objections que l'on pourrait faire, contre la suppression du revenu du capital ; ses explications, claires et simples, démontrent qu'il n'y a aucune difficulté, mais de grands avantages dans cette suppression. Et il ajoute :

« Imaginer l'ombre d'une difficulté pratique n'est » pas possible.

» Singulier abaissement de l'esprit humain ! il suffit » que les yeux soient longtemps fermés à la lumière, » pour que le premier aspect du jour les fatigue et les » blesse.

» Si les transactions de fermage ou de loyer, s'opé-» raient habituellement comme nous venons de l'exposer, » on ne concevrait pas qu'aucune autre combinaison fût » possible. »

EXTINCTION DE TOUT INTÉRÊT DE PRÊT OU DE CRÉDIT.

La suppression de l'intérêt du capital forcerait les exploiteurs, détenteurs, des machines et outils de travail, à les céder à ceux qui peuvent les faire valoir, aux travailleurs.

Ceux-ci, assurés d'avoir tout le produit de leur labeur, s'associeraient librement et trouveraient promptement des ressources nécessaires pour payer les machines.

La loi de solidarité serait alors comprise, et les valides viendraient au secours des invalides ; les vices disparaîtraient à mesure que le bien-être se généraliserait.

TRANSFORMATION DU SALARIAT EN ASSOCIATION.

La suppression de l'intérêt du capital entraîne forcément la transformation du salariat. Le travailleur devient à l'instant, ou un co-associé de celui qui possède les capitaux et les instruments de travail, ou un simple détenteur à loyer des instruments de travail.

Vous possédez un champ, une mine, une fabrique, un atelier agricole ou industriel quelconque, si vous ne coopérez pas au travail, vous recevrez simplement un loyer, qui aliénera une portion de votre propriété, jusqu'à ce que la somme des loyers égalent la valeur du capital, alors la propriété ne vous appartient plus puisque vous en avez reçu le prix.

Si vous faites avec les autres ouvriers une portion du travail, vous recevez une part proportionnelle suivant ce principe : « A chacun suivant ses œuvres. »

Il y a deux classes de chefs d'industrie : les uns ne cherchent qu'un placement avantageux de leurs capitaux ; les autres, véritables industriels, dirigent pour s'enrichir une industrie qu'ils connaissent.

L'abolition de l'intérêt du capital force les premiers à renoncer à l'exploitation qui ne leur rapporte plus de profit ; les seconds sont forcés de s'associer, sur le pied de l'égalité, avec leurs ouvriers s'ils veulent vivre du produit de leur travail.

*
* *

Le travail constitué par l'association libre, l'ordre s'introduit à la place du chaos. Il suffit en effet d'une simple statistique annuelle, dressée dans toutes les communes, pour connaître la nature et la quantité des produits demandés par la consommation, ou des travaux à entreprendre dans chaque spécialité.

Par l'universelle publicité des documents officiels, le travail se disciplinerait, se régulariserait de lui-même dans toutes les directions.

Dès lors plus d'incertitude dans le chiffre de l'offre et de la demande ; plus de crises industrielles et commerciales, plus de risques, plus de ruines. L'aisance universelle alimenterait la production, et il n'y aurait plus de chômage, mais un travail productif et régulier.

Chaque association et chaque travailleur rentrerait dans la plénitude de sa liberté et aurait la garantie de tous ses droits.

Tous les travailleurs le seraient au même titre. Ce serait la démocratie passant de l'ordre politique à l'ordre social.

Le principe posé, toutes les conséquences en découleraient, toute iniquité, toute spoliation deviendrait impossible.

Il est bien désirable que les prolétaires de 1879, comprenant l'importance de la réforme développée par M. Chevé en 1848, recherchent par tous les moyens à la faire entrer dans la pratique.

Eugène CHEVALIER,
Directeur des Cahiers du Prolétariat.

AVIS.

La prochaine livraison contiendra le compte-rendu du Congrès ouvrier de Marseille. — Nous reprendrons ensuite nos habitudes ; cependant, je prie nos adhérents de m'indiquer les améliorations qu'ils croiraient utiles. Je prendrai leurs conseils en sérieuse considération pour perfectionner notre publication.   E. C.

Châteauroux, Imp. A. Aupetit.

LES CAHIERS

DU

PROLÉTARIAT

Secrétaire : Émile SYFFERT

Directeur : Eugène CHEVALLIER

A PARIS

Le premier volume est terminé.

Pour le recevoir *franco*, envoyer au DIRECTEUR 2 fr. 50 c. en un mandat sur la poste.

Châteauroux, imp. AUPETIT. 1197.